Inhaltsverzeichnis

Vorwort

Liebe Kolleginnen und Kollegen!

Ein Heft mit dem Inhalt „Stationenlernen im Sport" – heißt das nicht „Eulen nach Athen" tragen? Das Circuit- oder Zirkeltraining gibt es doch schon „ewig" im Fachbereich Sport. Soll hier vielleicht Uraltes wieder aufgewärmt werden? Sicher nicht, denn es ist nötig, die moderne Unterrichtsform des (relativ) selbstständigen Lernens an Stationen wieder zurück in den Sportunterricht auch der Sekundarstufe zu bringen.

Das Zirkeltraining wurde früher fast ausschließlich zur Konditionssteigerung eingesetzt, bei der Erarbeitung der wichtigsten Grundtechniken spielte das Stationenlernen keine Rolle. Das muss sich zwingend ändern, da Stationen sehr vielseitig einsetzbar sind.

Diese Art des Unterrichts kommt dem Lernen des Schülers sehr zugute, Selbstständigkeit und soziale Kompetenz (ganz wichtig!), sowie individuelles Lernen werden beim Schüler stark gefördert. Doch auch der Lehrer profitiert ungemein von dieser Unterrichtsform. Er kann sich zurücknehmen und sich ganz einer Art Beraterfunktion widmen. Es bleibt ihm außerdem Zeit zur Förderung schwach bewegungsbegabter Schüler.

Lernen als interaktiver Prozess funktioniert beim Stationenlernen besonders gut, da erfolgreiche Übungen oft wiederholt und nachvollzogen werden können. Außerdem ermöglicht es eine hohe Eigenständigkeit bei dieser Form des in großen Teilen selbstorganisierten Lernens. Es muss allerdings darauf geachtet werden, dass es eine Rückmeldung bezüglich der Qualität der erreichten Technik gibt und dass eine systematische Benotung stattfindet. Wenn die Lernforschung den Schülern zugesteht, dass sie recht unterschiedlich lernen, dann entspricht das Stationenlernen sicherlich diesen Erkenntnissen. Eine Unterrichtsform, die sich also nicht immer und unbedingt an den Voraussetzungen des Gruppendurchschnittes orientiert, ist zu bevorzugen.

Möglicherweise ist das Stationenlernen auch die richtige Antwort auf motivationslose Schüler, denn schließlich sind hier die Möglichkeiten, selbstverantwortlich und Interessen geleitet zu lernen, besonders vielfältig.

Also, liebe Kolleginnen und Kollegen, startet sportlich beim Stationenlernen!

Ihr Daniel Elsner Ihr Helmuth Elsner

Sicherheitshinweis:
Bitte achten Sie darauf, dass die Sicherheitsvorschriften (u. a. Hilfestellungen) eingehalten werden. Bei den Angaben innerhalb des Heftes wurde hierauf verzichtet.

Hinweis:
Aus Gründen der besseren Lesbarkeit wird im Folgenden auf eine sprachliche Differenzierung der männlichen und weiblichen Bezeichnung verzichtet. Selbstverständlich sind beide Geschlechter angesprochen.

Vorbemerkungen

Schon im Jahre 1952 entwickelten die Engländer Adamson und Morgan den nach seinem Aufbau benannten „Circuit" für die Verbesserung im Leistungssport. Das hier vorliegende Heft „Leichtathletik lernen an Stationen" möchte Übungen liefern, die geeignet sind, neben vielfältigen Bewegungserfahrungen den Lernenden näher an eine Grundtechnik aus den Feldern Lauf, Sprung, Wurf und Stoß zu bringen. Laut Rahmenrichtlinien für die Sekundarstufe I ist in jeder Jahrgangsstufe „mindestens ein Unterrichtsvorhaben vorzusehen". Das macht Leichtathletik zu einem dominierenden Thema in der Sekundarstufe. Deshalb erscheint es uns auch wichtig, „Technikeinschübe" an die richtige Stelle des Unterrichts zu setzen. Das kann durchaus schon im Anfangsgespräch bei der Heranführung an die Thematik sinnvoll sein. Hierzu sollen die **Technikkarten** und „Echtfotos" Hilfen sein.

Lernerfolgskontrollen am Ende einer Stationen- oder Unterrichtsreihe machen eine Benotung für den Lehrer einfacher und für die Schüler transparenter. Hierzu liefern wir **Lernerfolgskontrollkarten.** Bewertet werden sollte der Einfachheit halber in 3 Stufen: + (Bewertungsschwerpunkt gut umgesetzt), ø (durchschnittlich umgesetzt), – (nicht erkennbar umgesetzt). Es macht Sinn, dass sich Schüler gegenseitig bewerten. Die Zielübung kann als Lernstation angesehen werden. Mittelpunkt des Unterrichts ist natürlich das Lernen an Stationen. Wir bieten in unserem Heft durch die vorgegebene Gliederung die Karten nach Themen sortiert an. Allerdings kann dann durch den Lehrer eine entsprechende Auswahl getroffen werden. In Einzelfällen bauen die Übungen aufeinander auf und eine schon vorgegebene Reihenfolge sollte sinnvollerweise eingehalten werden. Hierzu gibt es Hinweise. Eine kritische Anmerkung zum Stationenlernen lautet: „Die Lehrtechnik eignet sich nur für das Üben und Wiederholen des bereits bekannten Stoffes". Diese Kritik ist den Sportunterricht betreffend weitgehend ohne Belang, denn hier wird durch vorbereitende Stationen oder Zerlegung die Zielübung methodisch und didaktisch sinnvoll vorbereitet. Das vorliegende Heft zum Thema Leichathletik ist für den Unterrichtsbetrieb in einer kleinen „Normhalle" (26 m x 13 m) konzipiert. Eingeplant in den Stationenbetrieb sind die Geräte, die normalerweise zur Grundausstattung gehören.

Leichtathletik in der Halle zu betreiben macht durchaus Sinn, da nur hier auf eine Vielzahl von Geräten zurückgegriffen werden kann, die ein Erlernen von Techniken erleichtern und interessant machen. Auf dem Sportplatz kann sehr häufig nur die Zielübung betrieben werden.

Die im Heft vorgegebenen Stationskarten können kopiert, ausgeschnitten und laminiert werden, sodass die Lernenden ihren Unterricht weitgehend selbst organisieren können.

Auf jeden Fall muss zu Beginn eines jeden Sportunterrichts ein „Aufwärmen und Dehnen" stattfinden, um den Körper und hier besonders die Muskulatur auf die höhere Belastung vorzubereiten. Deshalb schalten wir vor die Stationskarten kurze Kapitel zum entsprechenden Aufwärmen und Dehnen, einmal für den Bereich Lauf und Sprung und dann für den Bereich Wurf und Stoß. Wir unterteilen hier, da besonders die Übungen zur Dehnung unterschiedlich sein sollten, denn es werden unterschiedliche Muskelgruppen besonders belastet.

Die Dehnhaltungen sollten nie ruckartig eingenommen und etwa 10–15 Sekunden gehalten werden. Ein genaues Zeigen der entsprechenden Übung durch „Vormachen" durch den Lehrer ist in jedem Fall wünschenswert. Auch spezifische Kräftigungsübungen können nach Bedarf in die Aufwärm- und Dehnphase eingebaut werden. Die Gesamtdauer sollte zehn Minuten möglichst nicht überschreiten.

Eine Unterrichtsaufteilung könnte also folgendermaßen aussehen:

- ein Anfangsgespräch führt die Schüler an die Thematik heran und motiviert
- Aufwärmen und Dehnen
- Einteilung der Schülergruppen
- Aufbau der Stationen und Besprechung („Nullstation")
- Arbeit an den Stationen
- Schlussgespräch, in dem die Schüler über ihre Lernergebnisse berichten oder eine sinnvolle Spielform wählen
- eventuell „Abwärmen" und Dehnen

Ein Satz noch zur Einteilung der Gruppen für den Betrieb an den Stationen. Wir denken, dass man die Gruppeneinteilung den Schülern selbst überlassen sollte – nur die Anzahl der Gruppenmitglieder kann vorgegeben werden, damit diese ähnlich groß ist. Ob sich relativ schwache Sportler oder relativ starke in einer Gruppe vereinen, ob ein „Starker" sich eine „schwache Gruppe" aussucht, all das sollte man zuerst einmal den Schülern überlassen. Häufig ist aber Sympathie untereinander das Motiv und das ist sicher nicht schädlich für den Übungsbetrieb.

Anmerkungen zum „Laufzettel"

Von jedem Schüler ist während der Unterrichtsreihe „Lernzirkel Leichtathletik" ein „Laufzettel" zu führen. Er gibt dem Schüler – aber auch dem Lehrer – eine Übersicht über die „Themen" des gesamten Lernzirkels. Darüber hinaus dient er als eine Art Leistungsnachweis dazu, die Arbeit des Schülers zu dokumentieren. Der Lehrer hat die Möglichkeit, den Lernfortschritt des Schülers mit Hilfe dieses Laufzettels zu verfolgen.

Der Laufzettel kann während oder evtl. auch am Ende des Zirkeltrainings vom Schüler ausgefüllt werden. Er vermerkt durch Eintragung des Datums, wann er eine bestimmte Lernstation besucht hat. In der Spalte „Bemerkungen" können z. B. Aussagen über die Schwierigkeiten bei der Bewältigung der konkreten Aufgabe an der Lernstation eingetragen werden. Der Lehrer kann in der Rubrik „Hinweise" dem Schüler noch einmal konkrete Hilfestellungen geben oder z. B. den seiner Meinung nach notwendigen weiteren Übungsbedarf vermerken usw.

Laufzettel

von

Klasse:

Nr.	Thema der Lernstation	Datum	Bemerkung	Lehrerhinweis
	1. Start und Sprint			
1.	Schneller Antritt nach Hochstart			
2.	Start aus dem Sitz auf der Langbank			
3.	Tiefstart			
4.	Tempo aufnehmen aus dem Fersenlauf.			
5.	Spurt aus dem „Traben“			
6.	Lauf gegen Zugwiderstand			
	2. Hürdenlauf			
1.				
2.				
3.				

Nr.	Thema der Lernstation	Datum	Bemerkung	Lehrerhinweis
4.				
5.				
6.				
	3. Weitsprung (Hangsprung)			
1.				
2.				
3.				
4.				
5.				
6.				
7.				
8.				
9.				
10.				

Nr.	Thema der Lernstation	Datum	Bemerkung	Lehrerhinweis
	4. Hochsprung (Flop)			
1.				
2.				
3.				
4.				
5.				
6.				
	5. Gradliniger Wurf (Schlagball)			
1.				
2.				
3.				
4.				
	6. Drehschleuderwurf			
1.				
2.				

Nr.	Thema der Lernstation	Datum	Bemerkung	Lehrerhinweis
3.				
4.				
5.				
	7. Kugelstoßen			
1.				
2.				
3.				
4.				
5.				

Anmerkungen zu den Technikkarten

Anmerkungen zum Spiel „Biathlon“ (S. 48)

Der hier vorgeschlagene Wettkampf kann jederzeit vielfältig variiert werden. Er macht den Schülern großen Spaß und sollte natürlich von ihnen mit erarbeitet werden. In unserem Beispiel laufen und werfen 2 Mannschaften mit jeweils 4 Schülern gegeneinander. Es gibt den Laufweg, der durch Hindernisse und Aufgaben erschwert werden kann, sowie die 5 Würfe auf die 5 Kegel.

Und natürlich findet auch bei Verfehlen des Wurfzieles die Strafrunde statt.
Siegermannschaften kommen in die nächste Runde. Alles lässt sich prima organisieren. Nicht sportfähige Schüler sind als Helfer willkommen: Kegel aufbauen, Strafrunden überwachen usw.

BVK LZ27 • Daniel Elsner/Helmuth Elsner: Lernzirkel Leichtathletik

Anmerkung zur Technikkarte „Hürdenlauf“ (S. 18)

Der Hindernislauf bis zum Hürdenlauf (Wettkampfform) ist eine Geschicklichkeitsübung, mit der problemlos im 1. Jahr der Sekundarstufe I (5. Schuljahr) begonnen werden kann. Weitgehend alle Übungsformen sind so konzipiert, dass der Lauf vorherrscht und es kein isoliertes Einüben der Hürdentechnik gibt. Ein flüssiger Lauf sollte erfahren werden, keine Aneinanderreihung einzelner Sprünge. Das ist beim Stationenlernen nicht einfach, denn es erfordert viel Raum. Allerdings gibt es eine spezielle Gymnastik, die den Schülern nähergebracht werden sollte. Bei niedrigen Hürdenhöhen (bis etwa Kniehöhe) ist eine technische Schulung kaum erforderlich, denn auch Mädchen überwinden im langgezogenen Laufschritt solche Höhen. Wichtig für die Zielübung ist der Lauf bis zur 1. Hürde, da die Schnelligkeit danach kaum noch erhöht werden kann. Ab dem 7. Schuljahr (ca. 13. Lebensjahr) sollte dann verstärkt in Richtung der wettkampfmäßigen Bedingungen geübt werden. Da es in der verbreitet vorhandenen „Normturnhalle“ kaum Vielfachhürden (höhenverstellbar ab 40 cm mit Ständer und Stab) gibt, muss bei längeren Übungsbahnen improvisiert werden.

BVK LZ27 • Daniel Elsner/Helmuth Elsner: Lernzirkel Leichtathletik

Anmerkungen zum „Sprung“ allgemein (ab S. 23)

Wir haben überlegt, dem **Anlauf und Absprung,** insbesondere bei Weit- und Hochsprung, eigene Stationen zu „widmen“, dies allerdings aus mehreren Gründen schnell wieder verworfen. Der Schüler der beginnenden Sekundarstufe verfügt noch nicht über einen gleichmäßigen, „berechenbaren“ und damit auch trainierbaren Anlauf. Die meisten Turnhallen sind (gerade beim Stationenlernen) nicht groß genug, um einen 20–30 Meter langen Anlauf für den Weitsprung einzuüben.
Trotzdem sind gerade Sprungübungen auch ohne „festen“ Anlauf höchst reizvoll und abwechslungsreich und gehören in der Turnhalle an den Beginn der Sekundarstufe I. Alles, was der Schüler zum Thema Anlauf erlernen muss, beziehen wir in die Stationen mit ein.

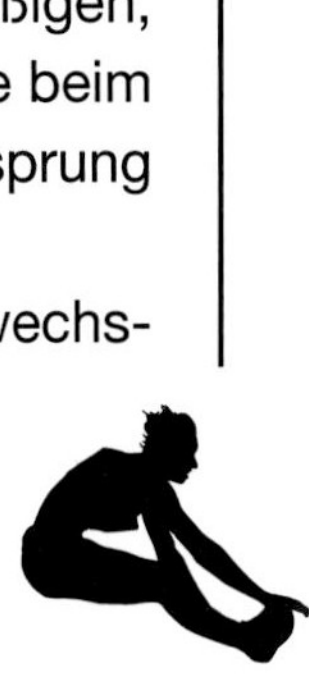

Anmerkungen zu den Technikkarten „Weitsprung“ (S. 23)

Inzwischen unterscheidet man eine Vielzahl von Weitsprungtechniken, deren Erörterung diesen Rahmen sicher sprengen würde. Die einfachste Technik ist der **Hocksprung,** bei der der Springer schon kurz nach dem Absprung in der Luft die Hockstellung einnimmt, die Beine dann zur Landung hin streckt, um schließlich wieder in der Hocke zu landen. Anspruchsvoller ist da schon der **Hangsprung,** auch Schwebehangsprung genannt. Nach dem Absprung sinkt das Schwungbein, das im Knie gebeugte Sprungbein wird herangezogen. Beide Beine sind nun eng beieinander, Unter- und Oberschenkel bilden einen rechten Winkel. Nach der Hälfte der Sprungweite werden die Beine gebeugt zur Landung gehoben und schließlich wird in Hockhaltung gelandet. Beim **Schrittweitsprung** wird die Schritthaltung der Absprungphase gehalten und dann erst kurz vor der Landung das Absprungbein zum Schwungbein nach vorne gebracht. Landung wie gehabt. Beim **Laufsprung** setzt ein Springer seinen Anlauf quasi in der Luft weiter fort. Gewöhnlich führt er dabei zweieinhalb Schritte aus. Landung wieder in „sitzender“ Haltung oder Hockstellung. Als moderne Grundtechniken gelten Hangsprung- und Laufsprungtechnik. Eine optimale Leistungsverbesserung ist mit dem **„Kicksprung“** (auch „Hitch-Kick“ genannt) zu erreichen, eine Technik, die als eigene Sprungtechnik zwischen Hang- und Laufsprung angesehen werden kann. Dabei findet beim Schwungbein der „Kick“ nach vorne mit dem danach wieder aktiv zurückgeführten Unterschenkel statt.

Anmerkungen zu den Technikkarten „Hochsprung“ (S. 29)

Immer noch spielt der **„Schersprung“** im Sportunterricht der Schule eine Rolle, denn schließlich ist diese Technik recht einfach zu erlernen und führt deshalb schnell zu ersten Erfolgen. Beim Erarbeiten von Techniken sollte das „Springen auf Höhe“ allerdings zuerst keine Rolle spielen. Springer mit Sprungbein links laufen von schräg rechts an, überqueren zuerst mit dem Schwungbein die Latte. Das Sprungbein wird gestreckt nachgezogen, die Landung erfolgt auf dem Schwungbeinfuß. Als erfolgreichste Sprungtechnik wird der **„Flop“,** nach seinem „Erfinder“ auch „Fosbury-Flop“ genannt, angesehen. Beim Flop läuft der Springer einen Bogen zur Absprungposition des Schersprunges, dreht sich nach dem Absprung eine Vierteldrehung von der Latte weg und überquert mit der Körperrückseite die Latte. Die Landung erfolgt meist auf Nacken und Schultern.

Hier noch ein Hinweis zur Erhöhung des Aufsprungs ohne eine Vielzahl von Weichschaummatten. Als recht praktikabel hat sich hier folgender Aufbau erwiesen: Zuerst 3 Langbänke in entsprechendem Abstand, darauf 2 Lagen Turnmatten, danach eine oder zwei Weichschaummatten, die ganze Anlage dann rundherum mit Turnmatten sichern.

BVK LZ27 • Daniel Elsner/Helmuth Elsner: Lernzirkel Leichtathletik

Aufwärmen und Dehnen für Sprint und Sprung

Zum Aufwärmen sind alle Lauf- und Fangspiele geeignet, bei denen die komplette Gruppe in Bewegung ist. Ein Ausscheiden und damit verbundenes „auf der Bank sitzen“ sollte natürlich in der Aufwärmphase vermieden werden, um diese nicht vorzeitig abzubrechen. Man kann dies einfach durch einen „Parteiwechsel“ erreichen: der Gefangene wird zum Fänger, der „Hase“ zum „Jäger“ usw.

Hier einige einfache Beispiele, die vortrefflich einzusetzen sind:

„Hase und Jäger“

Ein „Jäger“ beginnt mit einem Softball „bewaffnet“ den anderen nachzulaufen. Bei Körpertreffer wird der „Hase“ zum „Mitjäger“, indem er sich ebenfalls einen Ball nimmt. Das Spiel kann entweder auf Zeit oder solange gespielt werden, bis noch einer (der Sieger) übrigbleibt.

„Schwarzer Mann“

An den Schmalseiten der Turnhalle steht sich auf der einen Seite ein Fänger, auf der anderen die gesamte Restgruppe gegenüber. Auf die Frage des Fängers: „Wer hat Angst vorm schwarzen Mann?“ antwortet die Restgruppe: „Niemand!“ Nun folgt die Frage des Fängers: „Und wenn er kommt?“ Antwort: „Dann laufen wir!“ Ziel der Gruppe ist es, die gegenüberliegende Seite der Halle zu erreichen, ohne vom Fänger berührt zu werden. Berührte Gruppenmitglieder werden beim nächsten Durchgang zu Fängern. Ist ein Fänger nach Meinung des Lehrers zu langsam, beginnt man das Spiel mit zwei oder mehr „schwarzen Männern“.
Das wahllose Aufstellen von Geräten als Hindernisse oder „Verstecke“ erweist sich als motivierend.

„Schattenpaarspiel“

Ein Schüler läuft los, schlägt Haken usw. Der Zweite folgt ihm wie ein Schatten, indem er alle Bewegungen kopiert, ohne den Anschluss zu verlieren. Wechsel im Paar nach halber Zeit.

Jüngeren Schülern bereiten diese Spiele durchaus viel Freude, Ältere finden das allerdings eher „kindisch“. Hier steht dann wohl doch das „gute alte Warmlaufen“ im Vordergrund. Das sollte allerdings mit Tempowechseln sowie mit unterschiedlichen „Laufarten“ gewürzt sein: Hopserlauf, Kniehebelauf, das Anheben der Fersen Richtung Po, das seitliche Vorwärtslaufen, der Scherenlauf, „Skipping“ (schneller Kniehebelauf auf der Stelle, Sprunglauf usw.) eignen sich prima, um Abwechslung zu schaffen. Für Fortgeschrittene: „Fußgelenklauf“: Kleine, schnelle Schritte, nicht über die Ferse abrollen, sondern den Ballen zuerst aufsetzen und dann das Knie durchdrücken (sehr gute Koordinationsschulung). Hüpfen auf einem Bein (Wechsel nicht vergessen) oder beidbeinig (einmal auf Weite und einmal auf Höhe) runden das Aufwärmprogramm ab. Bei älteren Schülerjahrgängen kann man die Laufzeit bekanntgeben und ansonsten die Auswahl jedem selbst überlassen.

Dehnübungen

1. Vordere Oberschenkelmuskulatur

Rechtes Bein anwinkeln und mit der rechten Hand zum Oberschenkel ziehen. Oberkörper gerade halten. Bein und Arm wechseln.

Abstützen an der Wand möglich.

Dehnübungen

2. Hintere Oberschenkelmuskulatur

Auflegen der rechten Ferse auf die Langbank. Fußspitze zum Körper ziehen und den aufrechten Oberkörper nach vorne neigen.

Wechseln.

Dehnübungen

3. Wadenmuskulatur

In Schrittstellung vor eine Wand stellen, linkes Bein gestreckt, rechtes angewinkelt. Fersen bleiben auf dem Boden, die Hände drücken gegen die Wand.

Dehnübungen

4. Gesäßmuskulatur

Auf den Rücken legen und das rechte Bein anziehen. Den linken Unterschenkel auf das Knie des rechten Beines legen, dann mit den Händen um beide Oberschenkel greifen und die Beine an den Körper ziehen. Dabei die Schultern auf dem Boden lassen. Wechseln.

Dehnübungen

5. Gesäß-, Oberschenkel- und Wadenmuskulatur

In Rückenlage das Knie des linken Beines an die Brust ziehen, dann den hinteren Oberschenkel mit beiden Händen umfassen. Das Bein im Kniegelenk so weit wie möglich strecken, ohne den Oberschenkel von der Brust zu entfernen. Beide Fußspitzen zum Körper anziehen! Wechseln.

BVK LZ27 • Daniel Elsner / Helmuth Elsner: Lernzirkel Leichtathletik

Dehnübungen

6. Hüftbeuger

Auf das rechte Bein knien, das andere weit nach vorne strecken. Mit geradem Oberkörper die Hände am linken Oberschenkel auflegen. Jetzt die Hüfte nach vorne schieben! Wechseln.

BVK LZ27 • Daniel Elsner / Helmuth Elsner: Lernzirkel Leichtathletik

Dehnübungen

7. Brust- und Rückenmuskulatur

In Rückenlage beide Beine parallel anziehen. Knie nach links zum Boden kippen und Oberkörper mit ausgestrecktem Arm nach rechts drehen.

Wechseln.

Dehnübungen

8. Rückenmuskulatur

In den Vierfüßlerstand gehen, jetzt den Rücken rund machen und dabei nach oben drücken. Danach zurück in die Ausgangsposition mit geradem Rücken.

Dehnübungen

9. Bauch- und Rückenmuskulatur

Aus der Sitzposition das rechte Bein gestreckt leicht anheben, das linke im Knie anwinkeln und ebenfalls anheben.
Jetzt mit der rechten Hand außen am linken Knie vorbei streichen und umgekehrt.

1. Technikkarte „Tiefstart“

Knie nicht gestreckt

Oberkörper bleibt gebeugt

1. Start und Sprint

1. Schneller Antritt nach Hochstart

Stellt die Füße nebeneinander, lasst euren Oberkörper nach vorne fallen und sprintet los, ehe ihr fallt.

Danach Start aus der Schrittstellung und schließlich aus entspannter Rumpfbeuge.

1. Start und Sprint

2. Start aus dem Sitz auf der Langbank

Setzt euch in leichter Schrittstellung auf die Langbank. Auf Kommando Start und schneller Antritt bis zur Markierung.

Verändert die Sitzposition auf der Bank nach eigenen Ideen und startet. Startet auch aus verschiedenen Positionen: aus dem Liegestütz, aus der Hocke, mit dem Rücken zur Laufrichtung usw.

Material: Langbank und Zielfahne

1. Start und Sprint

3. Tiefstart

Findet die optimale Startposition. Das Absprungbein sollte vorne sein. Sind keine Startblöcke in der Halle vorhanden, helfen Mattenkanten oder die Füße (Schuhe) des Mitschülers. Mittlere Startposition: Der vordere Fuß wird eineinhalb Fußlängen hinter der Startlinie aufgesetzt, der hintere weitere eineinhalb Fuß hinter dem vorderen.

Um ein schnelles Aufrichten nach dem Start zu verhindern, könnt ihr eine Schnur oder Hochsprunglatte unterlaufen, die ca. 4 m vom Start entfernt gehalten wird.

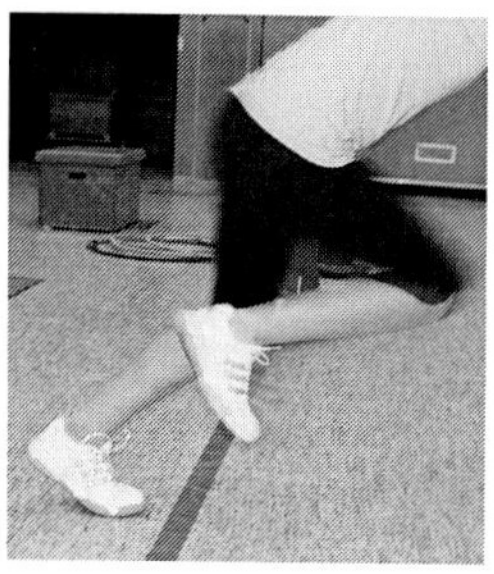

Material: 2 Turnmatten oder 2 kleine Kästen, Sprungseil oder Hochsprunglatte

1. Start und Sprint

4. Tempo aufnehmen aus dem Fersenlauf

Lauft mit lockerem Hochschlagen des Unterschenkels, dann leichtes Anheben der Knie, ab Markierung schneller Einsatz des gebeugten Beines; größere, schnelle Schritte ohne Fersenaufsatz.

Sprintet so etwa 10 m, dann locker auslaufen.

Material: 2 Markierungen (Fahne oder Hütchen)

1. Start und Sprint

5. Spurt aus dem „Traben“

„Trabt“ im Abstand von 2 m hinter eurem Vordermann her.

Auf Kommando spurten beide los, wobei der Hintere den Vordermann zu erreichen versucht.

Paarwechsel.
Versucht, Variationen zu entwickeln.

Beispiel: Beide laufen im „Seitgalopp“, dann Vierteldrehung und lossprinten.

1. Start und Sprint

6. Lauf gegen Zugwiderstand („Wagenrennen“)

Euer Partner bremst euren Lauf durch ein gehaltenes Sprungseil oder ähnliches (Zauberschnur mehrfach genommen).

Versucht vorgebeugt 15 m zu sprinten.

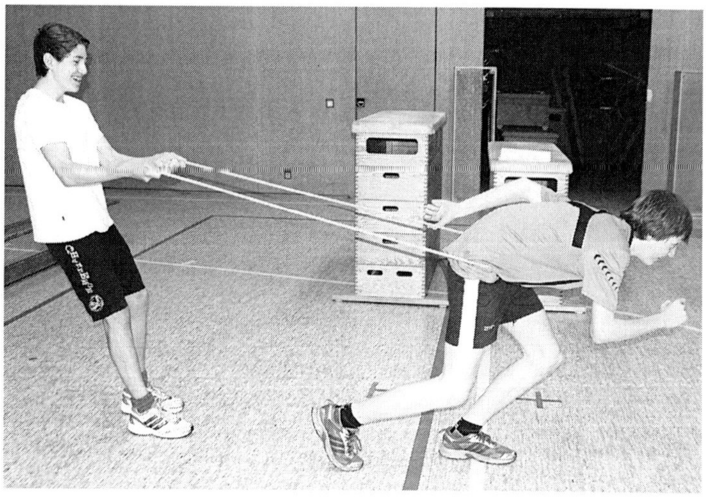

Material: Sprungseil, Zauberschnur o. Ä.

Lernerfolgskontrollkarte „Start und Sprint“

Vor- und Nachname:		Klasse:	Datum:
Aus dem Tiefstart 2 mal eine Strecke von 15 Metern spurten.			
Beobachtungsschwerpunkte:	**1. Lauf**	**2. Lauf**	**Gesamt**
1. Position „Auf die Plätze“			
2. Position „Fertig“			
3. Oberkörper in den ersten 3 Schritten vorgebeugt			
4. Aufnahme von Tempo während des Laufes			

Laufspiele für den Sportstundenausklang

Natürlich eignen sich hier alle **Pendel- oder auch Rundenstaffeln.** Bei den Rundenstaffeln hat sich die Aufstellung der Langbänke im Quadrat (nicht zu eng) oder in Sternform bewährt.

„Komm mit – Lauf weg" (altbekanntes Laufspiel)
Die Schüler sind auf die sternförmig aufgestellten Bänke verteilt. Ein Schüler läuft um die Bänke, schlägt den hinten Sitzenden einer Bankgruppe an und ruft „Komm mit" oder „Lauf weg". Bei „Komm mit" läuft die ganze Gruppe hinter ihm her und jeder versucht nach einer Runde, einen Bankplatz zu bekommen. Bei „Lauf weg" läuft die Gruppe in Gegenrichtung zum Läufer. Der zuletzt Ankommende setzt das Spiel fort (Zusatzaufgaben sind jederzeit möglich).

„Sixdays" (Sechstagerennen)
Jeweils einer aus jeder Bankgruppe ist unterwegs, setzt sich nach einer Runde (oder nach zwei Runden) vorne auf seine Bank, dann startet der Nächste (hinten Sitzende). Der Einsatz von Parteibändern ist sinnvoll!

RettungsInsel
Alle Schüler bewegen sich frei im Raum. Kleine Kästen dienen als Rettungsinseln. Fänger versuchen, einen Läufer abzuschlagen. Diese können sich auf eine Insel retten (nur bis zu einer Maximalzahl pro Insel. So festlegen, dass immer 2 Schüler übrig bleiben). Die Gefangenen bekommen von ihren Fängern die Bänder und sind dann beim nächsten Spiel Fänger.

Fangen – Hocken
Bildung von drei Gruppen (Bänder verteilen). Freies Laufen durch die gesamte Turnhalle. Zuerst fangen die „Gelben", indem sie die anderen abschlagen. Der Abgeschlagene geht in die Hocke und kann von einem anderen Läufer erlöst werden. Nach einer bestimmten Zeit werden die Hockenden gezählt. Danach fangen die „Rote" und dann die „Blauen".

Bändersammlung
Es werden wieder drei Sorten Bänder ausgegeben. Jeder steckt sein Band hinten in die Hose, sodass das längere Ende heraushängt. Beim Spiel „Jeder gegen Jeden" versuchen die Schüler, möglichst viele Bänder zu erbeuten („körperlos", nicht mit dem Rücken an die Wand). Als Parteispiel versuchen die „Roten", in vorgegebener Zeit (30 Sek. – 1 Min.) möglichst viele andersfarbige Bänder zu erbeuten. Danach die anderen Teams in der gleichen Zeit.

Riegenwettläufe
Die Schüler stehen in mehreren Riegen nebeneinander und werden jeweils durchnummeriert. Der Spielleiter ruft in beliebiger Reihenfolge Nummern auf und die jeweiligen Riegenmitglieder starten zum Wettlauf. Bei Vergabe von Punkten kann es zu einer interessanten Gesamtwertung kommen, nachdem jeder einmal gelaufen ist.

Links und Rechts
In je 1 Meter Entfernung von der Mittellinie stehen sich 2 gleichgroße Mannschaften gegenüber. Auf ein Kommando des Spielleiters an der Mittellinie („Rechts" oder „Links") läuft der jeweils erste Schüler der genannten Mannschaft in seine Richtung bis zu einer Weichschaummatte, die an der Seitenwand der Halle platziert ist. Der Spieler der Gegenmannschaft versucht, ihn auf dem Weg dahin einzuholen. Jeder Abschlag zählt als Punkt für die fangende Mannschaft.

Läufer und Fänger kehren zurück und schließen sich an ihr Team an. Der Spielleiter sollte am Ende jede Mannschaft gleich oft losgeschickt haben.

„Ärgern und schnell weg"

An den Schmalseiten der Halle stehen sich 2 Mannschaften gegenüber. Die durch Los bestimmte Mannschaft schickt den ersten Spieler zu „Ärgern" auf die andere Seite. Die Spieler dort strecken eine Hand aus und verbergen gleichzeitig die andere Hand hinter dem Rücken (dadurch wird der schnelle Gegenschlag verhindert). Unter lautem Zählen werden nun 3 Hände berührt. Ist mit dem Ruf „Drei" der letzte Schlag ausgeteilt, sprintet er sofort zur eigenen Mannschaft zurück. Der zuletzt „Geärgerte" folgt ihm und versucht, ihn vor Erreichen der Grundlinie seiner Mannschaft zu fangen. Gelingt das, so muss der Gefangene dem Fänger folgen und sich hinter ihn stellen. Gelingt es nicht, so ist der Fänger selbst der Gefangene. Sieger ist die Mannschaft, die die meisten Gefangenen hat, nachdem jeder Spieler einmal an der Reihe war. Das Spiel kann auf Zeit gespielt werden.

Technikkarte „Hürdenlauf"

2. Hürdenlauf

1. Sucht euch mehrere Hindernisse (bis ca. 40 cm hoch)!

   Legt sie mit Abstand hintereinander und versucht, sie ohne Berührung zu überlaufen.

   Verändert den Abstand zwischen den Hindernissen!

   Steigert euer Tempo!

Material: Medizinbälle, Hütchen, Reifen usw.

2. Hürdenlauf

2. Überlauft aus ca. 10 m Entfernung eine quer gestellte Bank in beliebiger Geschwindigkeit.

   Versucht, beim 2. oder 3. Durchgang beim Überwinden des Hindernisses möglichst schnell wegzulaufen.

   Komplette Strecke sprinten (eventuell als Wettkampf).

Material: Langbank, Hütchen

2. Hürdenlauf

3. Überlauft die Langbank mit einem daraufliegenden Gymnastikball (der Ball wird durch einen untergelegten Tennisring stabilisiert).

Beim Überwinden von Bank und Ball schnelles Vorführen der Gegenhand und leichtes Abbeugen des Oberkörpers.

Material: Langbank, Bälle, Tennisringe

2. Hürdenlauf

4. Lauft über das Hindernis.

Stoßt dabei das vordere Bein (Schwungbein) gradlinig über den kleineren Ball in der Mitte. Führt das hintere Bein (Nachziehbein) seitwärts über den Medizinball.

Versucht das Nachziehbein möglichst schnell in Laufrichtung zu bringen.

Material: Langbank, Gymnastikball, Tennisring, 2 Medizinbälle

2. Hürdenlauf

5. Überlauft die Matten (oder die in 20 cm Höhe gespannten Seilchen).

Legt die Matten quer (oder spannt die Seilchen so), dass ein Dreierrhythmus zwischen den Hindernissen zustande kommt.

Material: Seilchen, 4 Turnmatten
Durch schräg gelegte Matten ergeben sich unterschiedliche Abstände.

2. Hürdenlauf

6. Wendet die Übungen einer speziellen Hürdengymnastik an.
Geht nie ruckartig in die Übung hinein und wieder hinaus!

a) „Spagat" (federn)

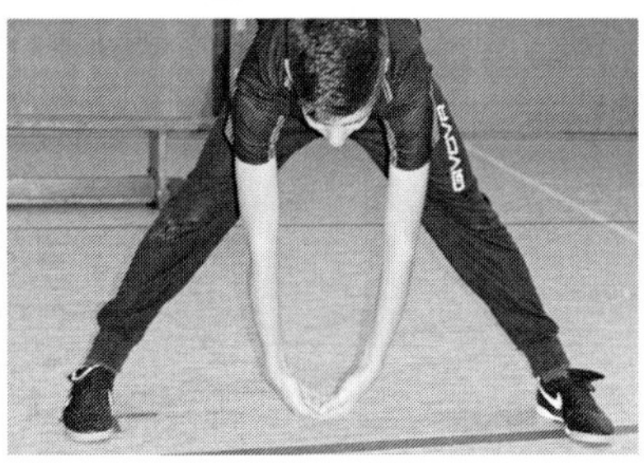

b) weite Grätsche, Oberkörper nach vorn beugen

c) Schwungbein liegt auf, Oberkörper vorbeugen (Wähle die Höhe des Gerätes so, dass das Bein parallel zum Boden gestreckt ist!)

d) Nachziehbein liegt auf, Oberkörper zum Boden hin beugen

e) Hürdensitz, Oberkörper nach vorne

Lernerfolgskontrollkarte „Hürdenlauf“

Vor- und Nachname:		Klasse:	Datum:
Aus dem Hochstart überläuft der Schüler 2 Hürden.			
Beobachtungsschwerpunkte:	**1. Lauf**	**2. Lauf**	**Gesamt**
1. Lauf zur 1. Hürde			
2. Überlaufen der Hürde, Bewegung Schwungbein			
3. Überlaufen der Hürde, Bewegung Nachziehbein			
4. „Trittfassen“ hinter der Hürde			
5. 3-Schritt-Rhythmus			

3. Technikkarte „Weitsprung (Hangsprung)“

Arme hochnehmen

Sitzposition

3. Weitsprung

1. Lauft und hüpft auf die kleinen Kästen.

   Denkt euch Varianten aus (Abstand verändern, auf einem Bein, im Schlusssprung mit beiden Beinen parallel usw.).

Material: 4 kleine Kästen

2. Springt nach kurzem Anlauf beidbeinig vom Minitrampolin auf die Weichschaummatte.

   Versucht auch den Absprung mit einem Bein.

Material: Minitrampolin, Turnmatten, Weichschaummatte

3. Weitsprung

3. Lauft über eine schräggestellte Langbank auf einen Längskasten und springt zielgenau auf die Weichschaummatte.

   Kennzeichnet mit Hilfe von Seilchen Zonen auf der Matte. Ideal sind auch 2 Teppichfliesen als Landemarkierung (wenn die Teppichfliesen versetzt gelegt werden, könnt ihr auch eine „Telemark-Landung" ausprobieren).

   Zieht euch auch auf dem Bauch die Langbank hoch.

Material: Kasten (3 Teile reichen zuerst aus), Langbank, Weichschaummatte, Turnmatten (unter die Weichschaummatte legen: rutschhemmend), Teppichfliesen

3. Weitsprung

4. Springt beidbeinig (Doppelsprung) vom Kastenoberteil auf Weite.

Messt die Weiten und vergleicht.

Springt nun beidbeinig rückwärts, danach mit einem Schritt Anlauf und schließlich mit 2 Schritten Anlauf.

Material: Kastenoberteil, 3 Turnmatten, Bandmaß

3. Weitsprung

5. **Hangsprung**

Lauft über die Kastenbahn (3 Kästen) und springt vom höchsten Punkt ab. Landet gehockt auf der Matte mit den Händen an den Füßen. Der 3. Kasten (5-teilig) sollte von 2 Schülern gehalten werden (Umsturzgefahr).

Variante: Stellt den letzten Kasten längs (schwer).

Material: kleiner Kasten, großer Kasten mit 3 oder 4 Teilen, großer Kasten mit 5 Teilen, Turnmatten, Weichschaummatte

6. **Schrittsprung (Kicksprung)**

Springt nach kurzem Anlauf vom Sprungbrett über einen Kasten mit 2 oder 3 Teilen auf die Matte.

Material: Sprungbrett (wenn möglich nicht federnd), Weichschaummatte, Kasten mit 2 – 3 Teilen

7. Springt bei 3 – 5 Schritten Anlauf über Hindernisse mit hohem Schwungbeineinsatz.

Landet auf dem Schwungbein!

Material: Sprungbrett, Kasten mit 2 – 3 Teilen, Weichschaummatte

3. Weitsprung

8. Führt einen Schrittsprung über den Kasten aus.

Schießt einen Softball vom Kasten („Kick“).

Versucht nun auch, das Schwungbein so zurückzuführen, dass die Ferse des Schwungbeines die Hinterkante des Kastens berührt.

Material: Sprungbrett, Kasten mit vier Teilen, Weichschaummatte, Softball

3. Weitsprung

9. Springt vom ersten kleinen Kasten mit Kick über den großen Kasten, dann Zurückführen des Schwungbeins und Berührung der hinteren Kastenkante mit der Ferse des Schwungbeines. Landung mit nach vorn gebrachten Füßen.

Die Station wird zur Mutprobe, wenn ihr die großen Kästen um je ein Teil erhöht!

Material: 2 kleine Kästen, 2 große Kästen (der niedrigere zuerst)

BVK LZ27 • Daniel Elsner / Helmuth Elsner: Lernzirkel Leichtathletik

3. Weitsprung

10. Springt vom Kasten (2-teilig) über eine gespannte Zauberschnur (80 cm – 100 cm hoch).

Sprungtechnik wie vorher.

Material: 2-teiliger Kasten, Zauberschnur, Weichschaummatte

Lernerfolgskontrollkarte „Weitsprung"

Vor- und Nachname:		Klasse:	Datum:
Weitsprung vom Sprungbrett über einen kleinen Kasten (Position wählbar) mit 9 Schritten Anlauf.			
Beobachtungsschwerpunkte:	**1. Lauf**	**2. Lauf**	**Gesamt**
1. Sprintanlauf			
2. Absprung mit Höhengewinn			
3. Harmonische Flugphase			
4. Landung mit gebeugter Hüfte ohne „Rückfall"			

4. Technikkarte „Hochsprung (Flop)“

4. Hochsprung

1. Lauft über die Kastentreppe und springt auf die Weichschaummatte.

Verändert den Anlauf und die Landung, wie es euch gefällt.

Versucht nun, Anlauf und Sprung zu zweit nebeneinander, erst ohne, dann mit Handfassung.

Material: 3 unterschiedlich hohe Kästen, Turnmatten, Weichschaummatte

4. Hochsprung

2. Springt nach 5 Schritten Anlauf vom 2-teiligen Kasten auf die Weichschaummatte.

Während der Flugphase könnt ihr verschiedene Aufgaben probieren: hockt die Beine an, grätscht die Beine, klatscht über dem Kopf in die Hände usw.

Material: Kasten, Turnmatten, Weichschaummatte

4. Hochsprung

3. **Aufsitzen auf dem Kasten**

Anlauf entlang der gekennzeichneten Anlaufbahn (flache Kurve),

Absprung vom Sprungbrett und Aufsitzen auf dem Kasten.

Material: Kasten (erst 4, dann 5 Teile), Sprungbrett, Hütchen

4. Hochsprung

4. Nach beidbeinigem Absprung rückwärts vom kleinen Kasten auf dem Mattenberg landen (wenn möglich auf dem Rücken).

Material: 2 kleine Kästen, „Mattenberg“

4. Hochsprung

5. Absprung einbeinig vom großen Kasten auf den „Mattenberg“.

Material: Kasten (4-teilig), „Mattenberg“

4. Hochsprung

6. Wir springen den Flop! Baut den Mattenberg hüfthoch, markiert die Anlaufkurve jetzt enger, landet auf Schultern und Nacken.

   Als Absprungzone nur den Bereich zwischen Mattenecke und den aufgestellten Hütchen nehmen! Zauberschnurhöhe 20 cm über „Mattenberghöhe“.

   Anlauf verlängern auf bis zu 9 Schritte (falls Platz genug in der Halle).

   Versucht nach der Landung sofort eine Rolle rückwärts.

Material: Hütchen, „Mattenberg“, 2 Hochsprungständer, Zauberschnur

Lernerfolgskontrollkarte „Hochsprung (Flop)“

Vor- und Nachname:		Klasse:	Datum:
Springe mit 7 bis 9 Schritten Anlauf über die 1m hohe Sprunglatte.			
Beobachtungsschwerpunkte:	**1. Lauf**	**2. Lauf**	**Gesamt**
1. Bogenanlauf mit erkennbarer Steigerung des Tempos			
2. Vierteldrehung des Körpers nach dem Absprung weg von der Anlage			
3. Überqueren der Latte in Rückenlage			
4. Landung auf Schulter und Nacken nach Hochklappen der Beine			

Anmerkungen zu Techniken und Technikkarten „Wurf und Stoß“

In diesem Heft haben wir uns ganz bewusst nicht für die Unterteilung nach Wurf- und Stoßgeräten entschieden, sondern haben nach Bewegungsabläufen unterteilt.

Wir haben z. B. Schlagball- und Speerwurf zusammengefasst, weil die Bewegungsabläufe von Anlauf und Abwurf weitgehend übereinstimmen. Jedem ist klar, dass man in der Halle keinen Speer werfen darf. Auf das „weit“ beim Schlagball-weit-wurf haben wir bewusst verzichtet, da auch dies in der „Normturnhalle“ nur schlecht möglich ist. Das schränkt das Üben in der Halle ein, denn nun ist eigentlich nur noch der Zielwurf möglich.
Außerdem haben wir alle Stationen so gewählt, dass stets nach oben abgeworfen wird. Wir halten das für besonders wichtig, da sich sonst der Fehler des abknickenden Oberkörpers beim Abwurf einschleifen kann, was fatal wäre.
Die Drehbewegung ist bei Schleuderball und Diskus ähnlich, auch hier macht eine gleichzeitige Behandlung Sinn. Die Frage des Kugelstoßens in der Halle stellt sich überhaupt nicht, da mit der Hallenkugel entsprechende Geräte überall vorhanden sein sollten. Zusätzliches Abpolstern des Hallenbodens kann durchaus Sinn machen. Die Rückenstoßtechnik macht allerdings erst dann Sinn, wenn die Schüler etwa 14 Jahre alt sind. Erst dann ist die Beinmuskulatur stark genug, um ein sauberes Angleiten zu ermöglichen. Die Drehstoßtechnik sparen wir bewusst aus, da die Streuung der Stöße bei Anfängern sehr groß ist.

Aufwärmen und Dehnen für „Wurf und Stoß“
Auch hier sind Laufen mit verschiedenen Schrittfrequenzen sowie die schon beschriebenen Lauf- und Fangspiele geeignet. Sehr gut eignen sich Übungen mit dem Sprungseil. Dazu kommen jetzt Abtreffspiele, von denen wir einige kurz beschreiben wollen. Natürlich können diese Spiele auch ans Ende der Unterrichtseinheit gesetzt werden.

„Balltreiben“
2 Mannschaften stehen sich hinter Langbänken gegenüber. Auf der Mittellinie liegt ein größerer, nicht zu schwerer Ball. Jeder Schüler hat einen Wurfball und versucht, den größeren Ball ins Feld der gegnerischen Mannschaft zu treiben. Sind alle Bälle verschossen wird gewertet und das Spiel kann von Neuem beginnen. Gewonnen hat die Mannschaft, die den „Mittelball“ nach Abwerfen aller Bälle ins gegnerische Feld getrieben hat.

„Weg mit den Bällen“
In Abwandlung zum „Balltreiben“ liegen nun 3, 4 oder 5 Gymnastikbälle im eigenen Feld auf einer Linie. Nun versucht jede Mannschaft, mit Tennisbällen möglichst viele Gymnastikbälle ins gegnerische Feld zu treiben. Gespielt wird auf Zeit.

„Treffball“
Auf zwei Langbänken stehen in der Spielfeldmitte beliebig viele Hütchen oder Keulen, die abgeworfen werden. Gewonnen hat die Partei, in der bei Spielende die wenigsten Hütchen oder Keulen auf der Langbank liegen.

„Wegkeulen“
In Abwandlung zum „Treffball“ werden die Keulen vor einer Hallenwand aufgestellt. Zwei Mannschaften versuchen gleichzeitig, die Keulen zu treffen. Zurück rollende Bälle dürfen aufgehoben und wieder geworfen werden.

Dehnübungen

1. Hüftbeuger und Rumpfmuskulatur

Laufe seitlich im Überkreuzlauf, beim Knieeinsatz nach vorn dreht der Oberkörper in der Hüfte nach hinten.

BVK LZ27 • Daniel Elsner / Helmuth Elsner: Lernzirkel Leichtathletik

Dehnübungen

2. Schultergürtel und Ellbogenstrecker

Die linke Hand wird hinter dem Kopf zur Schulter geführt, dann mit der rechten Hand den linken Ellbogen nach hinten ziehen.

Andere Seite nicht vergessen!

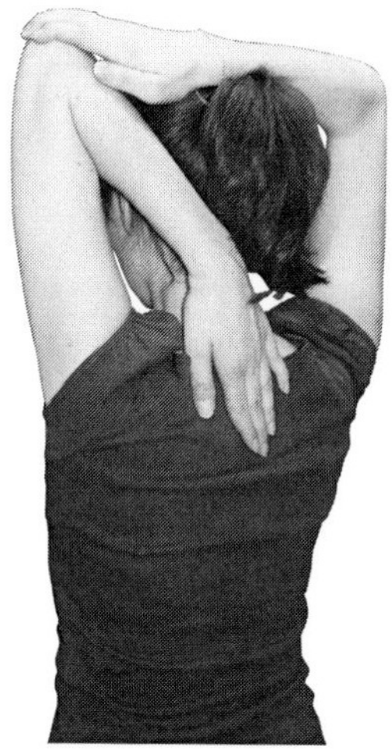

BVK LZ27 • Daniel Elsner / Helmuth Elsner: Lernzirkel Leichtathletik

Dehnübungen

3. Schultergürtel

Mit der rechten Hand das linke Handgelenk hinter dem Rücken fassen, dann den linken Arm nach unten rechts ziehen.

Wechseln.

BVK LZ27 • Daniel Elsner / Helmuth Elsner: Lernzirkel Leichtathletik

Dehnübungen

4. Brustmuskulatur

In Schrittstellung parallel zur Wand stellen und die rechte Hand mit gestrecktem, waagerechtem Arm gegen die Wand pressen. Oberkörper von der Wand wegdrehen.

Arm wechseln.

Dehnübungen

5. Seitliche Rumpfmuskulatur

Eine Hand an die Hüfte pressen, den Gegenarm nach oben strecken und so weit wie möglich über den Kopf führen.

Dehnübungen

6. Untere Rücken- und Gesäßmuskulatur

Auf den Rücken legen, die Hände um die Oberschenkel schließen und die Knie Richtung Brust ziehen.

Den Kopf zu den Knien nehmen.

Dehnübungen

7. Schulter- Nacken und Rückenmuskulatur.

Auf den Bauch legen und Bauch- und Gesäßmuskulatur anspannen.

Kopf und angewinkelte Arme anheben
(dient der Kräftigung – nicht übertreiben).

Dehnübungen

BVK LZ27 • Daniel Elsner / Helmuth Elsner: Lernzirkel Leichtathletik

Dehnübungen

BVK LZ27 • Daniel Elsner / Helmuth Elsner: Lernzirkel Leichtathletik

Technikkarte „Gradliniger Wurf (Schlagball)“

5. Gradliniger Wurf (Schlagball)

1. Werft den Tennisball von einer Abwurflinie aus durch ein auf einem Kasten stehendes Kastenteil.

Schafft neue, weiter entfernt liegende Abwurflinien!

Material: Kasten, Markierungen, Tennisbälle

5. Gradliniger Wurf (Schlagball)

2. Versucht aus der Schrittstellung (Rechtshänder linkes Bein vorne, Linkshänder umgekehrt) mit dem 80 g Schlagball durch den Turnring zu werfen.

   Versucht auch mit 3 Schritten Anlauf zu werfen.

Material: Turnringe (etwas herunterlassen), Schlagbälle

5. Gradliniger Wurf (Schlagball)

3. Zielwerfen

Versucht, einen kleinen Medizinball vom erhöhten Kasten herunterzuwerfen.

Wenn ihr Anlauf nehmt, könnt ihr härter werfen.

Material: Kasten, kleiner Kasten, Medizinball, Schlagbälle

5. Gradliniger Wurf (Schlagball)

4. Versucht, nach 5 Schritten Anlauf schnell und gezielt auf die Hütchen zu werfen.

Ablauf vom Fähnchen, daneben ein umgedrehter kleiner Kasten, in dem 5 Schlagbälle liegen.

Material: Kasten (eventuell erhöht), 4 Hütchen, 5 Schlagbälle

Lernerfolgskontrollkarte „Schlagball“

<table>
<tr><td colspan="2">Vor- und Nachname:</td><td>Klasse:</td><td>Datum:</td></tr>
<tr><td colspan="2"></td><td></td><td></td></tr>
<tr><td colspan="4">Werfe nach 5 Schritten Anlauf auf das obere, mittlere Feld der Leiterwand.</td></tr>
<tr><td>Beobachtungsschwerpunkte:</td><td>1. Lauf</td><td>2. Lauf</td><td>Gesamt</td></tr>
<tr><td>1. Anlaufgeschwindigkeit wird gelungen umgesetzt (Schüler bleibt nach Anlauf nicht vor dem Abwurf stehen)</td><td></td><td></td><td></td></tr>
<tr><td>2. Armführung nah am Kopf vorbei</td><td></td><td></td><td></td></tr>
<tr><td>3. Abwurfwinkel / Trefffläche</td><td></td><td></td><td></td></tr>
</table>

Technikkarte „Drehschleuderwurf“

flache, schnelle Drehung

Wurfarm wird nachgeführt

Umsprung

6. Drehschleuderwurf

1. Schleudert den Medizinball aus der Seitgrätschstellung beidhändig zum Partner.

   Versucht das Schleudern auch aus dem Knien und dem Sitzen.

   Abstand vergrößern.

Material: großer Medizinball, evtl. Turnmatten (Knie schonen)

6. Drehschleuderwurf

2. Werft den einen kleinen Schleuderball (Tennisring, Gummiring) über eine 2 m hoch gespannte Zauberschnur.

   Gradlinige Würfe wie beim Schlagballwurf sind nicht erlaubt.

   Markiert ein Spielfeld mit Hütchen.

   Fällt der Ring auf den Boden, so erhält die werfende Mannschaft einen Punkt.

   Verändert die Feldgröße und senkt die Zauberschnur.

Material: Tennisring, Hochsprungständer, Zauberschnur

6. Drehschleuderwurf

3. Versucht, mit dem kurz gefassten Schleuderball den Basketballkorb zu treffen.

   Beginnt in 10 Schritten Entfernung zum Korb, erhöht den Abstand.

Material: Schleuderbälle, Basketballkorb

6. Drehschleuderwurf (Schleuderball / Diskus)

4. Schleudert den schweren Schleuderball über eine hohe Schnur.

   Versucht möglichst weit zu schleudern.

   Daraus könnt ihr ein Spiel entwickeln, wenn der Rückwurf von der Aufprallstelle erfolgen muss.

   Fliegt der Ball nicht über die Schnur, gibt's einen Punkt für die Gegenmannschaft.

   Achtung: Ball nicht im Flug fangen, sondern aufprellen lassen!

Material: Schleuderball, Hochsprungständer, Zauberschnur

6. Drehschleuderwurf (Schleuderball / Diskus)

5. Drehschleuderwurf (ganze Drehung)

Versucht, mit Gesicht in Wurfrichtung stehend nach kompletter Drehung das Gerät (Tennisring, Schlagball 200 g, Schleuderball) zu schleudern. Trefffläche obere Wand der Halle. Auch einhändig.

Material: Abwurfring aus Hütchen, Tennisring oder Schlagball 200 g oder Schleuderball

Lernerfolgskontrollkarte „Schleuderball“

Vor- und Nachname:	Klasse:	Datum:

Schleudere den Ball nach voller Drehung möglichst weit.

Beobachtungsschwerpunkte:	**1. Lauf**	**2. Lauf**	**Gesamt**
1. Zurückdrehen des Oberkörpers			
2. Drehung „rund“ und schnell			
3. „Nachschleifen“ des Wurfarmes			

Technikkarte „Kugelstoßen“

BVK LZ27 • Daniel Elsner / Helmuth Elsner: Lernzirkel Leichtathletik

7. Kugelstoßen

1. Werft einen Medizinball hoch und fangt ihn mit beiden Händen im Sprung wieder auf.

   Varianten:

   – den Medizinball um den Körper kreisen lassen

   – Rumpfkreisen (der Ball wird mit ausgestreckten Armen über dem Kopf gehalten)

   – durch die gespreizten Beine den Ball kreisen lassen (eine 8 mit dem Ball beschreiben, Oberkörper immer wieder aufrichten)

Material: Medizinball

7. Kugelstoßen

2. Zu zweit mit den Rücken zueinander stehen und den Ball beidhändig möglichst schnell übergeben.

   Probiert unterschiedliche Bälle aus!

Material: Bälle, Medizinbälle

7. Kugelstoßen

3. Mit beiden Armen die Hallenkugel hoch und weit rückwärts über den Kopf werfen.

   Schafft nach einigen Versuchen 4 Zonen.

   Nehmt euch vor, eine bestimmte Zone zu treffen, werft nicht nur auf Weite.

Material: Hütchen, Seilchen, Matten, eine Hallenkugel

7. Kugelstoßen

4. Kugelstoßen mit seitlichem Angleiten

Stoßt die Hallenkugel aus der Seitgrätschstellung (Rechtshänder linke Schulter in Stoßrichtung, Linkshänder umgekehrt) aus.

Versucht, euch mit einem Umsprung beim Abstoßen der Kugel abzufangen.

Material: Hallenkugel

7. Kugelstoßen

5. Versucht nun einen seitlichen, flachen Hopserschritt als Angleiten, um mehr Schwung zu bekommen.

Material: Hallenkugel

Lernerfolgskontrollkarte „Kugelstoßen“

Vor- und Nachname:		Klasse:	Datum:
Stoße die Kugel über ein Hindernis.			
Beobachtungsschwerpunkte:	**1. Lauf**	**2. Lauf**	**Gesamt**
1. Richtiges Halten der Kugel			
2. „Angleiten“ und Drehung			
3. Körperstreckung und „Umsprung“ beim Stoß			

„Biathlon“

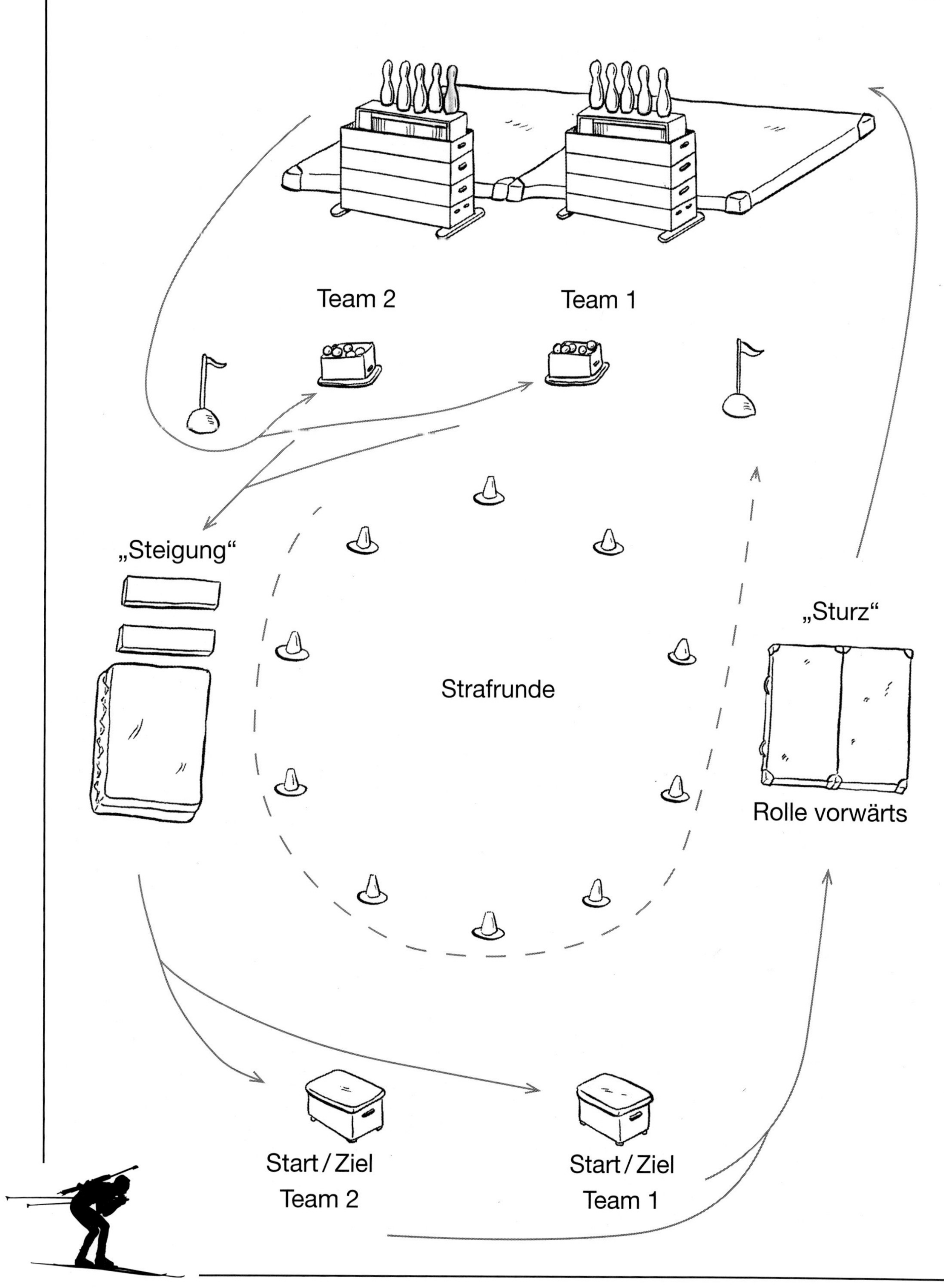
Team 2
Team 1
„Steigung“
Strafrunde
„Sturz“
Rolle vorwärts
Start / Ziel
Team 2
Start / Ziel
Team 1